JN298083

英語で
ショート・スピーチ

Sally Kanbayashi
神林サリー（編著）

KENKYUSHA

はじめに

　本書は英語を話す機会が乏しい英語学習者のために編まれた、英語スピーチを通して英語を話す力をつけるためのテキストです。

　段階を踏んだできるだけ無理のない形でスピーチ練習をしていただくために、いくつか工夫を施しています。以下にかいつまんで説明します。

1. 英語を学ぶ日本人学生にとって身近で、かつ英語圏でもなるべく役立つテーマを中心に選びました。

2. ゼロから英語話者が作った英文ではなく、日本人学習者に書いてもらったスピーチ原稿を参考にして、普段習っている英語で作れるような英文に近づくように心がけました。ただし、声に出してもなるべく自然な英語になるように英語話者とも話し合っています。

3. 最初から本格的にスピーチをするのではなく、3文程度の短いものからやれるようにしました。英語スピーチでは、実際に人前で声を出して英語を話すことが、最初の、かつ最大の関門です。そこをできるだけ楽に乗り切っていただくための工夫です。

4. いきなりゼロからスピーチ文を作るのではなく、サンプルから定型文として生かせるものは生かし、ある程度の枠組みの中で作れるようにしました。

5. 「第0講」としてスピーチ全般の留意点を説明しました。また、英語とは直接関係ありませんが、効果的なスピーチをおこなうための「態度」についても解説しています。ただし、最初から細かいことに気を遣うより、とにかく元気にスピーチすることが何より大切です。

　1講ごとの構成は次のように統一されています。

(1) 全般説明
　リード文で全般的な説明をします。そのテーマについて留意すべき点を簡潔に説明しています。

(2) モデル英文
　その講のサンプル英文です。別に音声CDがあるので、自分で音声を聞くことができる場合は、ぜひ英語の音に合わせて練習してください。

(3) ウォーミングアップ

　3文から成る英文で、簡単なスピーチ練習をします。無理をせず、自分の使える英語で話すようにしてください。

(4) 課題1

　スピーチ文の骨格となる情報をまず日本語で書き出すための課題です。表現すべき情報がわかれば、あとはそれを英語に直すだけなので、スピーチ文を作るのが楽になります。

(5) 役立つ表現

　そのテーマでよく使われる単語や表現を提示しました。スピーチ作りのヒントになる表現もあるので、ひととおりチェックしてください。

(6) 課題2

　モデル文の骨格を抜き出して、ある程度の型の中で、スピーチ文を作っていきます。ここまでで、とりあえずのスピーチ文が完成します。

(7) 最終課題

　課題2で作った英文の見直し→ペアを組んでスピーチ練習→みんなの前でスピーチ練習という3つのステップから成っています。なるべく事前に暗記しておくようにしましょう。

　すべてをこなす必要はありません。やりたいところを選んでやるだけでも、十分な練習をこなすことができます。

　英語スピーチで最も大切なのは楽しんでやることです。人前でスピーチすると緊張するのは当然です。それは実践して慣れることで克服できます。相手の反応を楽しみながら言いたいことを言えて、話すこと自体が楽しめるようになれば、あなたは英語を話すことにおいて長足の進歩を果たしたことになります。

　では一緒に楽しんでいきましょう！　Good luck!

著者

目　　次

第0講　英語スピーチのポイント　1

第1講　自分について話す1　自己紹介　11

第2講　自分について話す2　子どもの頃の思い出　17

第3講　自分について話す3　私の尊敬する人物　23

第4講　習慣・予定について話す1　週末の過ごし方　29

第5講　習慣・予定について話す2　余暇の過ごし方　35

第6講　習慣・予定について話す3　長期休暇の予定　41

第7講　事物を説明する1　私の宝物　47

第8講　事物を説明する2　私の好きな映画　55

第9講　事物を説明する3　私の好きな本　63

第10講　意見を述べる1　私が英語を学ぶ理由　69

第11講　意見を述べる2　高校生は制服を着るべきか　77

第12講　意見を述べる3　男女間で友情は成立するか　85

第0講

英語スピーチのポイント

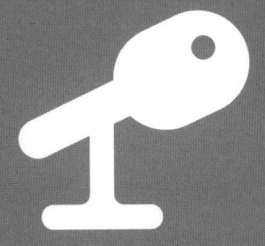

本講では、実際にスピーチのトレーニングに入る前に、気をつけるべき基本事項について解説します。1ではスピーチの構成について、2では話すときの態度について考えます。

1　スピーチの基本構成

　英語のスピーチは、日本語のスピーチをそのまま英語に直せばいいというものではありません。「何を話すか」というスピーチの核（core）となる内容を1つ考え、内容がわかりやすくなるように肉づけしていくという作業は、日本語のスピーチでも、英語のスピーチでも同じです。
　ただし、英語のスピーチでは、さらにやるべきことがあります。それは、英語発想の構成で情報を並べながら、不要な情報を思い切って削ることです。この作業を最初の段階でしっかりやらなければ良いスピーチ文になりません。
　まず、スピーチに必要な基本的な構成を見ていきましょう。それは次の3つの要素で構成されています。

スピーチの基本構成

1. Introduction（イントロダクション）
2. Main Body（本文）
3. Conclusion（まとめ）

　ファストフード店で売っているハンバーガーを思い浮かべてください。ハンバーガーはハンバーグを中心とした具材を、半分にしたパン（hamburger bun）に挟んで作ります。たとえると、具材の部分が Main Body で、パンが Introduction と Conclusion です。具材にあたるのが Main Body で、全体の8割から9割を占めるようなイメージです。
　もしかしたら「決まった型に合わせるのなんてイヤだ！」と考える人もいるかもしれません。もちろん、上手なスピーチをする人の中にはこの構成を使わない人もいます。しかし、そういう人は基本がきちんとわかっているからこそ、効果を上げるためにあえて使わないのです。基本があればこその応用です。
　ですから、本書でトレーニングするときは、必ずこの構成を守るようにしてください。どうしてもそれだとうまくいかないときだけ変えるようにしましょう。
　では、実際に練習してみましょう。次のテーマが与えられたとき、3つの要素にどのような情報を入れたらいいのでしょうか。

🎬 テーマ１：私の好きな映画俳優

入れるべき内容を<u>日本語で</u>箇条書きにしてください。

1. Introduction（イントロダクション）
   ・

2. Main Body（本文）
   ・

   ・

   ・

   ・

3. Conclusion（まとめ）
   ・

一例を示します。

1. Introduction
   ・私の好きな映画俳優はレオナルド・ディカプリオだ。

2. Main Body
   ・映画『タイタニック』を見てからファンになった。

   ・若い頃から主役をやって実力がある。

   ・努力家で作品ごとに進化している。

   ・清潔感があり、華やかである。

3. Conclusion
・私はこれからもディカプリオのファンであり続けると思う。

　Conclusion は Introduction の繰り返しでもかまいません。むしろ、両者の内容が違っていると重大なルール違反になるので気をつけましょう。なお、これらを英語にするときは、そのまま英訳しようとしてはいけません。和文英訳をやっているわけではないので、趣旨を優先して自分が使える語彙を使って、なるべくやさしく表現してください。

【スピーチ例1】

I'm going to talk about one of my favorite actors.

I like Leonardo DiCaprio, an American movie actor.

Of all the movies he appeared in, I like *Titanic* best.
I have been a great fan of his since I saw this movie at the cinema.

I love him because he is a great actor.
He was already known as a great actor when he appeared in *Titanic*.

He is also a hard worker.
The older he gets, the greater his acting becomes.

Besides, he is very charismatic and always leaves a great impression.

I am sure I will continue to be a great fan of his into the future.

Thank you for listening.

【訳例】
私の好きな俳優についてお話しします。

私はアメリカの映画俳優であるレオナルド・ディカプリオが好きです。

彼が出演した映画では『タイタニック』がいちばん好きです。
映画館でそれを見て以来、私は彼の大ファンです。
私が彼を好きなのは、彼がすばらしい俳優だからです。
『タイタニック』に出演していたときは、演技はすでにすばらしかったです。

また、彼は努力家です。
年を重ねるごとに、演技が良くなっています。

その上、彼には華があり、いつもフレッシュな印象を与えてくれます。

これからも大ファンであり続けていくと思います。

ご静聴ありがとうございます。

* * *

次は、議論性の高いスピーチをどうやって構成すべきか考えてみましょう。

テーマ２：大学の図書館に漫画本を入れるべきか？

テーマ１と同様に箇条書きで書き入れてください。

1. Introduction（イントロダクション）
   -

2. Main Body（本文）
   -

   -

   -

   -

3. Conclusion（まとめ）
   -

一例を示します。

1. Introduction
   ・私は大学の図書館に漫画を入れるべきだと考える。

2. Main Body
   ・漫画の中には文学性の高い作品も多い。

   ・漫画は世界的に普及し、今や日本文化にとって大事な存在である。

   ・漫画は立派な研究対象となりえる。

   ・漫画本を置いている大学図書館は少ないので、ほかの大学図書館との差別化がはかれる。

3. Conclusion
   ・以上から、大学の図書館に漫画を入れるべきだ。

では、実際にどんなスピーチになるか見てみましょう。

【スピーチ例2】

I think that the college library should stock comic books.

There are three reasons for this.

First, some of the comic books in Japan have high literary quality or artistic value.
For example, *Message to Adolf*, by Osamu Tezuka, is known as a high-quality literary work not only in Japan but also in various foreign countries.

Second, manga has already spread worldwide and is regarded as an important part of Japanese culture.
It is worth studying and researching even in college.

Finally, there are only a few college libraries that stock large numbers of comic books so far.
If our library stocks enough comic books to study and research, it will differentiate it from others.

That's why I think the college library should stock comic books.

Thank you for listening.

【訳例】
大学図書館は漫画本を入れるべきだと私は考えます。

それには３つの理由があります。

１つめは、日本の漫画には、高い文学性や芸術性を持ったものがあります。
たとえば、手塚治虫の『アドルフに告ぐ』は質の高い文学作品として、日本だけでなく、外国でも知られています。

２つめは、漫画はいまや世界中に広まっており、日本文化の一部だと見られています。
大学でも漫画は研究する価値があります。

最後に、漫画本がたくさんある大学図書館はまだ少ししかありません。
もし私たちの大学図書館が漫画本を備えたら、ほかと差別化ができます。

ご静聴ありがとうございます。

* * *

反対の立場の例も示します。

1. Introduction
   ・私は大学の図書館に漫画を入れるべきではないと考える。

2. Main Body
   ・作品が大量で、どれを置いたらいいかを適切に決めるのが困難だ。

・漫画は文学作品より娯楽の要素が強いので、大学図書館向きではない。
・漫画を研究対象としている人が少なく、値段が安いので個人で購入しやすい。

3. Conclusion
・漫画を研究対象にする人は自分で買うべきで、図書館に置くべきではない。

賛否を示すテーマはかなり高度なので、そのまま英訳しようとすると、どうしても英文が難しくなりがちです。そういった場合は、自分が使える語彙レベルまであえて落として書くことが必要です。

なお、構成作りの最重要ポイントは、いったん立場を決めたら、一貫してその根拠となる事項を述べることです。「漫画本を置くべきでない」と論じているのに、「ただし、文学性の高い作品は置いてもいいかもしれない」などといった趣旨に反する情報は、例外としてまとめで言及しないかぎり、たとえそういった気持ちがあっても入れないでください。1つの論旨で一貫させることが大切です。

2　スピーチ中の態度

スピーチでは内容だけではなく、話し方も大切です。たとえすばらしい内容のスピーチでも、小さな声でおどおどしていては台無しです。緊張するのは仕方がありません。緊張しながらも気をつけるべき点を心がけて回数をこなしていけば、良いスピーチができるようになります。

スピーチの際にとくに気をつけるべきなのは次の6点です。

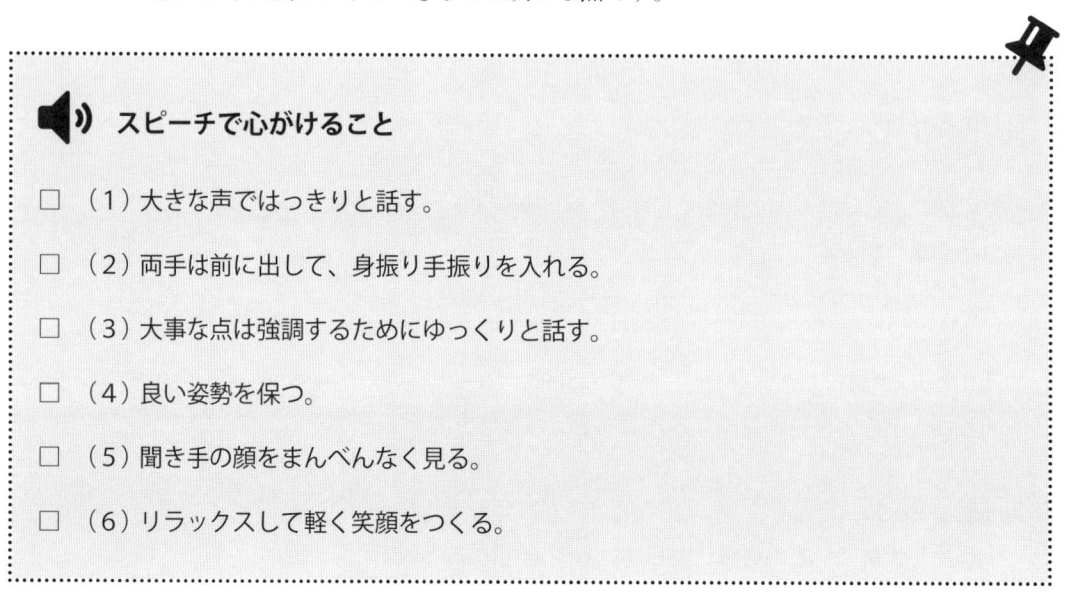

🔊 スピーチで心がけること

☐ （1）大きな声ではっきりと話す。

☐ （2）両手は前に出して、身振り手振りを入れる。

☐ （3）大事な点は強調するためにゆっくりと話す。

☐ （4）良い姿勢を保つ。

☐ （5）聞き手の顔をまんべんなく見る。

☐ （6）リラックスして軽く笑顔をつくる。

（1）はスピーチの基本中の基本です。何を話しているか聞こえなければ、スピーチ自体が成立しません。英語がつたなくても、またたとえ発音が下手でも、とにかくはっきりと大きな声で話すようにしてください。

日本人学習者にスピーチしてもらうと、手を後ろに組む人がかなりいます。意識的に（2）に留意してください。手を前に出して胸の高さ以上に保つようにすると、自然とジェスチャーがつけやすくなります。

また、日本人学習者は「間を空けないでさっとスピーチを終わらせよう」とする人が多いようです。それだと何が大事なのかつかみにくい話し方になります。（3）を心がけて、大事だと思うところは相手を説得するつもりで、ゆっくりと話すようにしてください。

（4）も基本中の基本です。目立って猫背になったり、うつむきっぱなしだったり、首をどちらかに傾けたり、頭をかきながら話したりすると、聞き手にはふまじめに見えます。頭のてっぺんを天井から糸で引っ張られているようなイメージを持って、良い姿勢を保ってください。

（5）ができると能力がある人に見えるので、ぜひ実行してください。右端から左へ、左端から右へとゆっくりと視線を流しながら話せると、聞き手に頼もしい印象を与えられます。

最も重視すべきなのが（6）です。たとえ緊張していても笑顔を心がける人に、聞き手は好感を持ちます。好感を持つ人の話は誰でも前向きに聞こうとするので、たしょうスピーチがつたなくても、聞き手には受け入れられます。

最初からすべてを上手にこなすことはできません。これからスピーチ練習をする際に、このうち1つを心がけて、それがうまくできたら次の事項を心がけるといったように進めて、最終的にすべてをこなせるようになってください。

第1講

自分について話す1
自己紹介

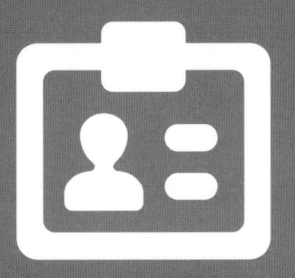

スピーチの基本は自己紹介です。本書でも最初に自己紹介の練習をしましょう。これからやるのは、英語で自分を説明するという作業です。日本人が自己紹介すると、「○○大学の鈴木と言います。神奈川県出身で、趣味は音楽鑑賞です」といった無難なことを言うだけで終わりにしがちです。日本社会での自己紹介はグループの中で仲良くやっていくことに重点がありますが、欧米では自分の個性を認めてもらい、それをグループに役立てることに主眼があります。もちろん、自分がどういった身分や立場かを特定できる情報は必要です。ただ、誰にでも当てはまるようなことだけで終わらせるのは、英語の自己紹介ではルール違反です。

　大切なのは、できるだけ他人とは違う特徴を述べることです。その際に述べるべきことが2つあります。1つは自分が関心があって人と共有したいこと、もう1つは自分が得意として人の役に立てることです。とくに後者は可能な限り入れたほうがいいでしょう。自分の駄目なところを自虐的に言ったりするのは絶対に止めましょう。もしあなたが英語で自己紹介をすることになったら、ほかの人と比べて自分が何に興味があり、何が得意かを考えましょう。人の役に立てるような特徴が上手に言えると、あなたの評価がぐっと高まります。

🎧 モデル英文

次のモデル英文を聞いて、気づいたことがあればメモしてください。

Track 3

Nice to meet you.
My name is Sayuri Kanbayashi, but please call me Sally.

I'm in college.
I study English literature at Japan College in Tokyo.
I love reading novels and watching DVDs in English.
Reading books and seeing movies in English is not only great, but also a good way to learn the English language.

Please let me know if you want me to introduce you to some novels or DVDs that are good for studying English.
Thanks for listening.

【訳例】
はじめまして。
私の名前は神林さゆりですが、サリーと呼んでください。

私は大学生です。
東京のジャパン・カレッジで英文学を勉強しています。
洋書を読むことと英語でDVDを見ることが好きです。
英語で小説を読んだり映画を見るなどすると、単に面白いだけでなく、英語の勉強になります。

もし英語の勉強に役立つ小説やDVDを紹介してほしかったら私に言ってください。

ご静聴ありがとうございました。

ウォーミングアップ

下線部を自分に当てはまることに置き換えて、3文からなるショートスピーチを完成させてください。

【完成例】

I am a college student and study English literature.

In my spare time, I often watch DVDs of American movies.

Doing so is good for studying English.

🔑 課題 1

自分の状況や立場、趣味を、次の質問に答える形で日本語で説明してください。

（1）今の自分の状況や立場（自分を理解してもらうのに役立つ属性や身分など）。

（2）自分の好きなことや得意なこと。

（3）（2）において人の役に立てること。

🔒 役立つ表現

このテーマのスピーチで活用できる表現を覚えましょう。

☐ Nice to meet you.「はじめまして」
　※これから親しくなる人への挨拶。話の最後に「お会いできて良かったです」と言うときは Nice meeting you. となる。ただし、近年は混同が多い。

☐ Please call me X.「Xと呼んでください」
　※Xには自分の下の名前かニックネームを入れる。

☐ I love doing.「～することが好きだ」
　※love to do や like doing などとほぼ同じ意味。本来は love [like] to do が「～したい」、love [like] doing が「～することが好きだ」の意味だったが、現在は混用が多い。

☐ great「楽しい」
　※プラスの感情を述べたいときに幅広く使える形容詞。

☐ be in college「大学生だ」
　※「大学生」は a college student。「短大生」は a junior college student だが、a college student でもかまわない。

□ Please let me know if ～「～なら言ってください」

□ if you want me to do「私に～してほしかったら」

□ Please ask me anytime「いつでも私に尋ねてください」

□ be good at doing[X]「～するのが [Xが] 得意だ」

□ major in X「Xを専攻している」

課題2

下線部を替え、日本語の指示文に英語で答えてスピーチを完成させてください。話の流れに合わせて下線部以外も適宜修正してかまいません。

Nice to meet you.

My name is Sayuri Kanbayashi.

But please call me Sally.

I'm a college student.

（自分の趣味や得意なことの説明）

Please let me know if you want me to introduce you to some novels or DVDs that are good for studying English.

Thanks for listening.

最終課題

▶ **Step 1**

課題 2 で作った英文を基にして、50 語程度のスピーチ文を作ろう。

▶ **Step 2**

ペアを作って、できるだけ英文を見ないで相手に向かって交替でスピーチしよう。

▶ **Step 3**

自分の作ったスピーチ英文を暗記して、みんなの前でスピーチしよう。

第2講
自分について話す2
子どもの頃の思い出

本講では「子どもの頃の思い出」というテーマでスピーチの練習をします。子どものときにした印象的な経験を説明します。ここではできるだけ具体的に述べる練習をします。

　思い出をたどっていると、どうしても話が長くなってしまう傾向があります。話の柱になる部分が何かを考えて、細かいところは省略して、わかりやすい順番に並べていくつもりでやってみてください。

モデル英文

次のモデル英文を聞いて、気づいたことがあればメモしてください。

I'm going to talk about a memory from my childhood.

When I was seven years old, my parents and I went summer camping in the mountains.

On the day after our arrival, we went to the river.
My father started fishing, and my mother and I played together away from him.

When my mother looked the other way, I drifted away with the current.
My mother screamed, but nobody was there.
I saw my mother was very far away, but I could hear what she was screaming, "Please, somebody help my daughter!"
It echoed throughout the mountain.

Fortunately, there was a man fishing nearby in the river.
He found me and pulled me out.

Thank you for listening.

【訳例】
子どもの頃の思い出について話します。

7歳のとき、私は両親と夏キャンプに行きました。
次の日、私たちは川に行きました。
父が釣りを始め、母と私は父から離れて川で遊びました。

母がちょっと目を離したすきに、私は川に流されました。
母は叫びましたが、誰もいませんでした。
母が遠くに見えましたが、叫び声は聞こえました。「誰か娘を助けて！」
その叫び声が山に響きました。

幸運にもそこにひとりの釣り人がいました。
彼は私を見つけて、そしてすくいあげてくれました。

ご静聴ありがとうございました。

🖉 ウォーミングアップ

下線部を自分に当てはまることに置き換えて、3文からなるショートスピーチを完成させてください。

【完成例】

I'm going to talk about one of my childhood memories.

When I was <u>seven</u> years old, <u>my parents and I went camping in the mountains</u>.

We had a great time <u>swimming and fishing in the river</u>.

課題1

子どものときの思い出について、次の質問に答える形で日本語で簡潔に書いてください。

（1）何歳のとき、あるいは何年前のことか。

（2）そのときに誰とどこで何をしたか、順を追って説明する。

（3）そのときにどんな気持ちになったか。

役立つ表現

このテーマのスピーチで活用できる表現を覚えましょう。

☐ a memory「思い出」
　※具体的な「思い出」は数えられる名詞として使う。

☐ remember「覚えている」
　※思い出そうと思えばいつでも思い出せる状態のこと。

☐ one summer「ある年の夏」
　※思い出の説明をするときに、One day（ある日）などで始めると作りやすくなる。

☐ 10 years ago「10年前に」

☐ when I was 10 (years old)「私が10歳のときに」

☐ at the age of 10[at the age 10]「10歳のときに」

□ used to do「〜したものだった」

課題2

日本語の指示文に英語で答えてスピーチを完成させてください。

I'm going to talk about a memory from my childhood.

(いつ、どこで、誰と一緒だったか)

(どんなことが起こったか)

(そのときにどう感じたか)

Thank you for listening.

最終課題

▶ Step 1
課題2で作った英文を基にして、50語から100語程度のスピーチ文を作ろう。

▶ Step 2
ペアを作って、できるだけ英文を見ないで相手に向かって交替でスピーチしよう。

▶ Step 3
自分の作ったスピーチ英文を暗記して、みんなの前でスピーチしよう。

第3講

自分について話す3
私の尊敬する人物

本講では「私の尊敬する人物」というテーマでスピーチの練習をします。このテーマを課すと両親や恩師を出す人が多いのですが、身近な友達や映画の登場人物などでもかまいません。

日本語の「尊敬する」にちょうどぴったりの英語の動詞はありません。友達などに対して「あいつはすごいから尊敬できる」ならば admire を、「あの方はすばらしいから敬いの気持ちを持っている」といった感じであれば respect を使うといいでしょう。look up to は両者のどちらの含みでも使えます。なお、実際にアドバイスをしてくれる目標にできる（しばしば年上の）人は a mentor と呼ばれることがあります。ビジネスでは a mentor がよく使われます。

モデル英文

次のモデル英文を聞いて、気づいたことがあればメモしてください。

Track 5

I'm going to talk about a person I admire.

I admire a friend of mine, Tomoko.
I've known her since we were nine years old.
We played basketball together for five years in junior and senior high school.

I admire her because she tells me a lot of things.
She is very experienced.
I often feel how smart she is when I talk with her.

She is also very funny.
Every time I see her, she makes me laugh.
She has wit enough to find the right word at the right time.

She is also very helpful.
She has always helped me.
I think of her not only as a best friend but also as a life adviser.

I always ask her whenever I have a problem.
I admire Tomoko as my best friend because she is such a smart, funny and kind person.

Thank you for listening.

【訳例】
私が尊敬する人物についてお話しいたします。

私は友達のトモコを尊敬しています。
９歳のときからの知り合いです。
中学と高校で５年間一緒にバスケットをしました。

私が彼女を尊敬しているのは、いろんなことを教えてくれるからです。
彼女はとても経験豊かです。
話をすると、なんて頭が良いのだろうと思うことがよくあります。

また、彼女は面白いです。
会うたびに笑わせてくれます。
当意即妙のウィットがあります。

また、彼女は頼りになり、いつも助けてくれます。
彼女は親友でありながら、カウンセラーです。
問題があるときは、いつも彼女の意見を聞きたくなります。

（まとめると、）私が親友のトモコを尊敬しているのは、頭が良くて面白くて親切だからです。

ご静聴ありがとうございました。

ウォーミングアップ

下線部を自分に当てはまることに置き換えて、3文からなるショートスピーチを完成させてください。

【完成例】

I admire <u>Tomoko</u>.

We have been friends since <u>we were nine years old</u>.

I admire <u>her</u> because <u>she is smart and funny</u>.

課題1

尊敬する人物について、次の質問に答える形で<u>日本語</u>で書いてください。

（1）尊敬する人物。

（2）（1）で挙げた人物の人となり。

（3）どういった点を尊敬しているか、2つ以上述べること。

役立つ表現

このテーマのスピーチで活用できる表現を覚えましょう。

☐ respectable「尊敬できる」

☐ a mentor「メンター、目標人物」

☐ admire X (for A)「(Aのために) Xを敬愛する」

☐ respect X (as B)「(Bとして) Xを尊敬している」

☐ I've known X since 〜「〜からずっとXとは知り合いである」
　※ know X は直接の知り合いのときだけ使う。実際に会ったことがない場合は、know of X や hear of X などを使う。

☐ think of X as A「XをAとみなす」

課題2

下線部を替え、日本語の指示文に英語で答えてスピーチを完成させてください。話の流れに合わせて下線部以外のところも適宜修正してかまいません。

I'm going to talk about a person I admire.

I admire a friend of mine, Tomoko.

I've known (of) her since we were nine years old.

（尊敬している理由を2つ以上述べる）

Thank you for listening.

最終課題

▶ **Step 1**

課題 2 で作った英文を基にして、50 語から 100 語程度のスピーチ文を作ろう。

▶ **Step 2**

ペアを作って、できるだけ英文を見ないで相手に向かって交替でスピーチしよう。

▶ **Step 3**

自分の作ったスピーチ英文を暗記して、みんなの前でスピーチしよう。

第**4**講

習慣・予定について話す1
週末の過ごし方

本講から習慣や予定についてスピーチする練習を3回にわたっておこないます。
英語圏に行くと、月曜日には How was your weekend?（土日はどうだった）、金曜日には What are you going to do on the weekend?（土日はどうやって過ごすの）と必ずと言っていいほど聞かれます。日本ではそういう習慣がないために、Nothing particular.（とくに何も）などと答える人がいるのですが、たいへん失礼です。「つまらない」「言う価値はない」と思えることでもかまわないので、必ず何か具体的に答えるようにしてください。

このような質問に的確に答えられるようになるためにも、自分の週末の過ごし方を顧みて、それを英語で言う練習をしてみましょう。

モデル英文

次のモデル英文を聞いて、気づいたことがあればメモしてください。

I'm going to talk about an enjoyable weekend.

Last weekend, I saw some of my friends from high school.

We went to a nice café.
We talked about the good old days.

And then, we went shopping at a mall.
After that, we had lunch and talked about our work.

Finally, we said good-bye at Shibuya Station.
I really had a good time with my friends.

Thanks for listening.

【訳例】
これから楽しかった週末の話をします。

高校時代の友人に会いました。

すてきなカフェで会いました。
懐かしい思い出話に花を咲かせました。

それから、ショッピングモールに買い物に行きました。
その後でランチを食べ、今の仕事について話しました。

最後に渋谷駅でサヨナラを言って別れました。
友達と過ごせて本当に楽しい一日でした。

お聞きいただき、ありがとうございます。

ウォーミングアップ

下線部を自分に当てはまることに置き換えて、3文からなるショートスピーチを完成させてください。

【完成例】

Last Sunday, I saw three friends of mine from high school.

We really had a good time.

I'll spend this weekend playing tennis with them.

課題1

先週末の過ごし方について、次の質問に答える形で<u>日本語で</u>説明してください。

（1）いつどこで誰と何をしたか。

（2）それはどんな経過をたどったか。

（3）そのことにどんな感想を持ったか。

役立つ表現

このテーマのスピーチで活用できる表現を覚えましょう。

☐ spend X doing 「～をしてXを過ごす」

☐ go doing 「～しに行く」

☐ last weekend 「先週末」
　※前置詞はつけない。

☐ a day off 「休日」

☐ some friends of mine 「何人かの友達」
　※ some friends だけでも可。my friend(s) は、聞き手が誰を指しているかがわかっている場合。ただし、最近では He is my friend.（彼は友達だ）が He is a friend of mine. より多用されている。

☐ have a good[great] time 「楽しく過ごす」

課題 2

下線部を替え、日本語の指示文に英語で答えてスピーチを完成させてください。話の流れに合わせて下線部以外も適宜修正してください。

Hi, everyone.

I'm going to talk about an enjoyable weekend.

（いつどこで誰と何をしたか）

I really had a good time.

Thanks for listening.

最終課題

▶ **Step 1**

課題2で作った英文を手直しして、50語から100語程度のスピーチ文を作ろう。

▶ **Step 2**

ペアを作って、できるだけ英文を見ないで相手に向かって交替でスピーチしよう。

▶ **Step 3**

自分の作ったスピーチ英文を暗記して、みんなの前でスピーチしよう。

第5講

習慣・予定について話す2
余暇の過ごし方

前講で週末をどう過ごしたかについてスピーチしましたが、本講では一般的に週末など時間があるときに何をするのが好きかという、「余暇の過ごし方」についてのスピーチ練習をします。

共通の話題があるとコミュニケーションがスムーズにいきます。とくに趣味が同じだとお互いに持っている情報を紹介したり、相手の情報を引き出すのが楽です。ここでは、自分にどんな趣味があるか説明できるようになることを目指します。

なお、「趣味」というとhobbyを使う人が多いのですが、hobbyにはクリエイティブな活動のニュアンスがあるので、映画鑑賞や読書など受動的な活動やスポーツなどは通常は入りません。「制作する活動」や「収集する活動」が一般的です。

モデル英文

次のモデル英文を聞いて、気づいたことがあればメモしてください。

Track 7

I'm going to talk about my favorite thing to do in my spare time.

I love reading books written in English.
I read literature, magazines, nonfiction and so on.

I like reading in a nice cozy café.
Reading books in a park is enjoyable.
Reading in the bathroom is also nice.

Books are always with me!

Reading is wonderful because I can communicate with the authors through their books anytime, anywhere I want.

Thank you for listening.

【訳例】
好きな余暇の過ごし方についてお話しします。

私は英語の原書を読むのが好きです。
読んでいるのは文学、雑誌、ノンフィクションなどです。

すてきでくつろげるカフェでの読書が気に入っています。
公園での読書はすばらしい。お風呂での読書もまたいいものです。

私はいつも本と一緒！

読書がすばらしいのは、好きな時間、好きな場所で本を通して著者と通じ合うことができることです。

ご静聴ありがとうございました。

ウォーミングアップ

下線部を自分に当てはまることに置き換えて、3文からなるショートスピーチを完成させてください。

【完成例】

What do you do in your spare time?

In my spare time I like reading.

I do it at home, in the park or at a café.

課題 1

余暇の過ごし方について、次の質問に答える形で<u>日本語で</u>説明してください。

（1）時間があるときによくやっていること。

（2）（1）をいつどこで誰とやるか。

（3）（1）をやることでプラスになることがあるか。あるとしたらどんなことか。

役立つ表現

このテーマのスピーチで活用できる表現を覚えましょう。

☐ in one's spare[free] time「時間があるときに」

☐ Do you have any hobbies?「趣味はありますか」

☐ What are your hobbies?/What hobbies do you have?「あなたの趣味は何ですか」

☐ My hobby is doing.「私の趣味は〜することです」

☐ do X as a hobby「Xを趣味にしている」

☐ make a habit of doing「〜することを習慣にする」

🎤 課題 2

下線部を替え、日本語の指示文に英語で答えてスピーチを完成させてください。話の流れに合わせて下線部以外も適宜修正してかまいません。

I'm going to talk about my favorite thing to do in my spare time.

I love reading books written in English.

（いつ、どこでやっているか）

（どういった手順でやっているか）

（それはどういったことに有益か）

Thank you for listening.

最終課題

▶ Step 1
課題2で作った英文を手直しして、50語から100語程度のスピーチ文を作ろう。

▶ Step 2
ペアを作って、できるだけ英文を見ないで相手に向かって交替でスピーチしよう。

▶ Step 3
自分の作ったスピーチ英文を暗記して、みんなの前でスピーチしよう。

第6講

習慣・予定について話す3
長期休暇の予定

欧米では、夏休みやクリスマス休暇などの長期休暇で何をするかが1年の中でも重要なイベントだと認識されています。そのために、夏が近づくと、休暇期間の予定が日常でもさかんに話題になります。

たとえ長期で何かをする計画がなくても、小旅行やちょっとした集まりなど、普段はやっていないことをテーマに選ぶようにしてください。

✏️ モデル英文

次のモデル英文を聞いて、気づいたことがあればメモしてください。

Track 8

I'm going to talk about my summer plans.

I'm going to visit Toyama this summer.

My mother has been there and she told me about her trip.
She enjoyed it very much.
I've never been there.

First, I'll enjoy driving along the Sea of Japan coast.
I'd like to eat a lot of seafood, such as raw fish, crab and shrimp.

And then, I'll visit Kurobe Gorge.
I'll take a tram and enjoy the beautiful scenery down there.

After that, I'll go to Unazuki hot spring resort.
I love Japanese spa resorts very much.
I'll take a good rest during my stay.

Thank you for listening.

【訳例】
夏の計画についてお話しします。

この夏は富山に行くことにしています。

母がそこに行ったことがあり、そのときの旅行の話をしてくれたからです。
とてもよかったそうです。
私は富山には行ったことがありません。

まず、日本海沿岸のドライブを楽しみます。
ランチには刺身、カニ、エビなどのシーフードを堪能したいです。

そして、黒部渓谷に行きます。
トロッコに乗って美しい眼下の景観を堪能します。

そのあとは宇奈月温泉に行きます。
私は温泉が大好きです。
宿ではゆっくりとくつろぐつもりです。

ご静聴ありがとうございました。

ウォーミングアップ

下線部を自分に当てはまることに置き換えて、3文からなるショートスピーチを完成させてください。

【完成例】

I'm going to go to Toyama this summer.

Have you ever been there?

I'll[We'll] enjoy seafood there.

🔍 課題 1

長期休暇の過ごし方について、次の質問に答える形で<u>日本語</u>で説明してください。

(1) 次の長期休暇で何をやるつもりか。

(2) いつどこでどんなことをするか。

(3) そこで楽しみなこと、あるいはする意義があることは何か。

🔒 役立つ表現

このテーマのスピーチで活用できる表現を覚えましょう。

☐ the summer vacation（米）「夏休み」
　※ the summer vacation はアメリカ英語、イギリス英語では the summer holiday(s)。

☐ train at the camp「合宿する」

☐ go[come] home「帰省する」

☐ go summer camping「夏キャンプに行く」

☐ visit X「X を訪れる」

☐ decide to do「〜することにする」

□ be going to do「〜することになっている」
　※前もって計画していると含意する場合は、will より be going to が適切。

□ plan a trip to X「X への旅行を計画する」

□ plan what I will do「私が〜する計画を立てる」

□ I'd like to do「〜したい」
　※ I want to do の丁寧な表現。

課題 2

下線部を替え、日本語の指示文に英語で答えてスピーチを完成させてください。話の流れに合わせて下線部以外も適宜修正してかまいません。

I'm going to talk about my summer plan.

I'm going to visit Toyama this summer.

（どこで誰とするか）

（どんなことをやるつもりか）

I'll really enjoy a hot spring there.

Thank you for listening.

最終課題

▶ **Step 1**

課題 2 で作った英文を手直しして、50 語から 100 語程度のスピーチ文を作ろう。

▶ **Step 2**

ペアを作って、できるだけ英文を見ないで相手に向かって交替でスピーチしよう。

▶ **Step 3**

自分の作ったスピーチ英文を暗記して、みんなの前でスピーチしよう。

第7講

事物を説明する1
私の宝物

アメリカの小学校ではshow and tellという授業がおこなわれます。そこでは、生徒が自分で作ったものや大切なものを学校に持ってきて、実際にそれを見せながらみんなの前で説明する練習をします。プレゼンテーションの練習法としてはたいへん効果的です。アメリカではこのように、プレゼンテーションの訓練を幼いうちにおこなっています。

　日本ではこういった練習はあまりやりませんが、実際に物を使って説明することは、対象が具体的なので表現力を鍛える訓練として効果的です。ここでは、「私の宝物」というテーマで、できれば実際に何かを持ってきて、それについて説明する訓練をしましょう。思い出の品などの具体的な物品が好ましいのですが、なければ、好きな本、模型、家族や好きなタレントの写真、ＤＶＤなど何でもかまいません（ただし、「好きな映画」については第８講で取り上げます）。

✏️ モデル英文

次のモデル英文を聞いて、気づいたことがあればメモしてください。

I'm going to talk about one of my prized possessions.

It's this gold heart pendant.

When I was sixteen years old, I went to the States and stayed in northern California for a month.
That was a summer homestay program, and I stayed with an American family.
I went to American Grande High School.

Everything was new to me, and I was so happy to be there.
I always carried my dictionary to look up words and take notes.
I learned a lot even in a short period.

My host mother, Lorene, was very kind. She always taught me English.
On the last day, we cried when we said good-bye, and she gave me this gold heart pendant.

I'll never forget those days in California.
The pendant sparkles in my heart with the fine memories I have with Lorene.

Thank you for listening.

【訳例】
私の宝物についてお話しします。

それは、このゴールドのハート型ペンダントです。

16歳のときアメリカに行き、北カリフォルニアに1か月滞在しました。
それは夏期ホームステイ・プログラムでしたが、アメリカ人の家庭にステイしました。
私はアメリカン・グランデ高校に通いました。

私にはすべてが新鮮で、そこにいられることがとても幸せでした。
いつも辞書を持っていき、単語を引いてメモしました。
短い期間でも、たくさんのことを学びました。

ホストファミリーのお母さんであるロリーンはとても親切にしてくれ、彼女がいつも英語を教えてくれました。
最終日、さよならを言うときにとても涙が出ました。そして彼女はゴールドのハート型ペンダントをくれました。

カリフォルニアでの日々を私は決して忘れません。
ロリーンとのすてきな思い出とともに、そのペンダントは私の心の中で輝きます。

ご静聴ありがとうございました。

✎ ウォーミングアップ

下線部を自分に当てはまることに置き換えて、3文からなるショートスピーチを完成させてください。

【完成例】

My treasure is this gold heart pendant.

My host mother gave it to me./ I got it at a Moto-machi shop in Yokohama.

It was when I went to California for a summer homestay program.

🎤 課題 1

自分の宝物について、次の質問に答える形で日本語で説明してください。

（1）入手したもの。

（2）入手した時期と方法。

（3）（1）が自分にとって大切な理由。

🔒 役立つ表現

このテーマのスピーチで活用できる表現を覚えましょう。

☐ give me X「私にXをくれる」

☐ give X to me「私にXをくれる」
　※Xを強調する場合は give X to me を使う。

☐ get X「Xを入手する」
　※ get はもらったとき、拾ったとき、買ったときなど幅広く使える。

☐ have got X「Xを持っている」
　※ have と同じ意味だが、have が「今持っている」ことに焦点があるのに対して、have got は「過去に入手した」ことに焦点がある。

☐ be happy to do「〜することに幸せを感じる」

☐ love doing「〜することが好きだ」

☐ have X with me[now]「Xを今持っている」
　※ have X with me now も可。

☐ I'll never forget X「Xの存在は決して忘れない」
　※「Xについて決して忘れない」なら I'll never forget about X となる。

☐ remind X of Y「XにYのことを思い出させる」

☐ X recalls Y.「XはYを連想させる」

課題2

下線部を替え、日本語の指示文に英語で答えてスピーチを完成させてください。話の流れに合わせて下線部以外も適宜修正してかまいません。

I'm going to talk about my prized possession.

It's this gold heart pendant.
When I was sixteen years old, I got it from my host mother in California.

(それをどうやって手に入れたか)

(それに対してどんな思い出や思い入れがあるか)

Thank you for listening.

最終課題

▶ Step 1
課題2で作った英文を手直しして、50語から100語程度のスピーチ文を作ろう。

▶ Step 2
ペアを作って、できるだけ英文を見ないで相手に向かって交替でスピーチしよう。

▶ Step 3
自分の作ったスピーチ英文を暗記して、みんなの前でスピーチしよう。

第8講

事物を説明する2
私の好きな映画

映画はアメリカでは生活の一部になっています。親しくなると、「これまで見た中で最も好きな映画」「最近見た面白い映画」などがよく話題にのぼります。日本では「好きな芸能人は誰か」と聞かれたらテレビによく出るタレントが多いでしょうが、アメリカでは映画スターの名前がよく出てきます。

あなたは「どの映画が好きですか」「どんな映画が好きですか」と聞かれて、すぐ「〜という映画が好きだ」と答えられるでしょうか。そこまでは簡単に答えられるとして、「なぜその映画が好きか」は答えられるでしょうか。

英語のルールとして好き嫌いを言ったら、それだけで済ますことはできません。理由が必ず必要です。本講では映画についてスピーチしてもらいます。身近な話題ですが、「なぜ」は必ず言えるようにしてください。

モデル英文

次のモデル英文を聞いて、気づいたことがあればメモしてください。

I'm going to talk about one of my favorite movies.

Have you ever seen *Notting Hill*?
The leading actor is Hugh Grant and the leading actress is Julia Roberts.
It's about love between William, a British guy, and Anna, a Hollywood actress.

William is the owner of a bookstore in Notting Hill in London.
His friends are nice and funny, and the conversations between William and his friends are really enjoyable.
I especially like William's silly jokes and his British accent.

I bought the script of this movie and enjoyed the dialog again and again.
I think that's great for you to brush up your English conversation skills.

Thank you for listening.

【訳例】
好きな映画について話します。

『ノッティングヒルの恋人』という映画を見たことがありますか。
主演男優はヒュー・グラントで、主演女優はジュリア・ロバーツです。
イギリス人ウィリアムとハリウッド女優アナとの恋の物語です。

ウィリアムはノッティングヒルで書店を経営しています。
彼の友人たちが良い感じで楽しく、彼らの会話が楽しいのです。
私はとくにウィリアムのくだらないジョークとイギリスなまりが好きです。

映画のスクリプトを買い、何度も会話を楽しみました。
これは英会話の勉強にもとても良いと思います。

ご静聴ありがとうございました。

ウォーミングアップ

下線部を自分に当てはまることに置き換えて、3文からなるショートスピーチを完成させてください。

【完成例】

My favorite movie is *Titanic*.

Have you ever seen it?

I like it because I love the leading actor of the movie, DiCaprio.

課題1

AかBのどちらかを選択して、スピーチのテーマにしようとしている映画の特徴か筋を簡潔に書いてください。

A．映画の特徴を、次の質問に答える形で<u>日本語</u>で説明してください。

（1）場所はどんな設定になっているか。

（2）登場人物はどんな設定になっているか。

（3）どんな点が面白いか。

B．映画のあらすじを順番に説明してください。可能であれば、次に示す接続語に続ける形で書いてください。できるだけやさしい言葉で簡潔に書くこと。

（1）まず、

（2）次に、

（3）しかし／そのために、

(4) 結局、

🔒 役立つ表現

このテーマのスピーチで活用できる表現を覚えましょう。

☐ a movie「映画」
　※アメリカ英語では a movie が、イギリス英語では a film がよく使われる。

☐ Have you ever seen X?「X を見たことがありますか」
　※ Do you know X? は知識の有無を尋ねることになるので、失礼になる場合がある。Did you see X? はこの意味では不自然。

☐ It's about X.「それは X に関することである」

☐ The story goes like this.「物語は次のように展開する」
　※ go は「進む」の意味。this は、この場合は「これから言う内容」を指す。

☐ play an important role as X「X として重要な役を演じる」

☐ I especially like X「私は X がとくに好きだ」

課題2

AかBを選択して、下線部を替えてスピーチを完成させてください。話の流れに合わせて下線部以外も適宜修正してかまいません。

A. *Notting Hill*（『ノッティングヒルの恋人』）
※内容のエッセンスに言及して、面白いところを指摘するパターン。

I'm going to talk about one of my favorite movies.

Have you ever seen the movie, *Notting Hill*?
The leading actor is Hugh Grant and the leading actress is Julia Roberts.
It's about love between William, a British guy, and Anna, a Hollywood actress.

The conversations between William and his friends are really interesting.
I especially like William's silly jokes and his British accent.
Thank you for listening.

B. *Madagascar*（『マダガスカル』）
※順を追って内容を説明するパターン。

I'm going to talk about my most favorite movie.

I like *Madagascar*.
It's an American comedy movie which is fully computer-animated.

The story goes like this:
First, some animals escape from Central Park Zoo in New York to see things out of their habitat.
And then, it is decided that they will be returned to the wild in Kenya.
But[So], when they are being shipped, they fall overboard and drift to the coast of Madagascar.
Finally, they start an adventure on this African island to save themselves.

I especially like the penguin characters.
They play very important roles when seajacking, repairing the aircraft, and so on.
They are crazy and funny.

Thank you for listening.

最終課題

▶ **Step 1**

課題2で作った英文を手直しして、50語から100語程度のスピーチ文を作ろう。

▶ **Step 2**

ペアを作って、できるだけ英文を見ないで相手に向かって交替でスピーチしよう。

▶ **Step 3**

自分の作ったスピーチ英文を暗記して、みんなの前でスピーチしよう。

第9講

事物を説明する3
私の好きな本

ここでは「私の好きな本」というテーマでスピーチします。小説や論説など分野は問いません。英語の本でも日本語の本でもかまいません。

誰にでも好きな本はあるものですが、いざそれについて話せと言われるとなかなかうまく表現できなかったりします。そういう場合は、①著者について、②内容について、③好きな理由の3つについて、それぞれ1つ以上言及するといいでしょう。

話す内容が物語や小説についてで、筋に言及する場合は、前講の課題2で取り上げた映画『マダガスカル』の構成を参考にしてください。

モデル英文

次のモデル英文を聞いて、気づいたことがあればメモしてください。

Track 11

I'm going to talk about one of my favorite books.

It's *My Humorous World* written by a British writer, Brian W. Powle.
Powle taught English at Aoyama Gakuin in Tokyo for many years.

He traveled around many countries when he lived in Japan.
My Humorous World is about some of his experiences in traveling overseas.
His English is so easy that even English learners can enjoy reading it.

All the short stories are funny.
I couldn't stop laughing!
The pictures in it are not so great, but he is a pure entertainer.

He says, "no-pain-no-gain philosophy may be somewhat old fashioned."
I really agree with him.
We must laugh and enjoy ourselves even when we try something new!

Thank you for listening.

【訳例】
私の好きな本についてお話しします。

それは『My Humorous World』というイギリス人作家のブライアン・ポールが書いたものです。
ポールは長く青山学院で英語を教えていました。

日本に住んでいるときに、彼はいろいろな国に旅行に行きました。
『My Humorous World』は外国旅行の経験の一部に関するものです。
彼の英語はやさしいので、日本人学習者でも楽しんで読めます。

すべての短編作品が楽しいです。
笑わずにはいられませんでした！
本の中の彼の絵はそれほどすばらしくはありませんが、彼は真のエンターテイナーです。

彼は言います。「苦労なくして利得なしという哲学はちょっと古いよね」
私も本当にそう思います。
新しいことにチャレンジするときは、笑って人生を楽しまなくちゃ！

ご清聴ありがとうございました。

ウォーミングアップ

下線部を自分に当てはまることに置き換えて、3文からなるショートスピーチを完成させてください。

【完成例】

My Humorous World is one of my favorite books.

It is written by Brian W. Powle, a British teacher of the English language.

I like it because I can enjoy British humor.

課題 1

自分の好きな本について、次の質問に答える形で日本語で説明してください。

（1）本の分野と内容。

（2）著者とその経歴や人となり。

（3）面白い点、あるいは優れている点。

役立つ表現

このテーマのスピーチで活用できる表現を覚えましょう。

☐ a novel「小説」

☐ a nonfiction「ノンフィクション」

☐ a self-help book「自己啓発書」
　※アメリカの self-help books は宗教色がある場合もあり、日本語の「自己啓発書」と少し色合いが違う場合がある。

☐ an essay on X「Xについてのエッセイ」

☐ the plot of the story「物語のあらすじ」

□ one of my favorite books「私の愛読書（の中の１冊）」
　※本を指しているのがわかっていれば、one of my favorites でもよい。

□ read it from cover to cover「それを完読する」

□ learn a lot「たくさんのことを学ぶ」
　※ learn a lot of things のこと。learn は study と違い、きちんと身についたことが暗示される。

□ X is fun to read (to Y)「（Yにとって）Xは読むのが楽しい」

課題 2

下線部を替え、日本語の指示文に英語で答えてスピーチを完成させてください。話の流れに合わせて下線部以外も適宜修正してかまいません。

I'm going to talk about one of my favorite books.

It's *My Humorous World* written by Brian W. Powle.
He [She] is a British writer and once a teacher of the English language at Aoyama Gakuin for many years.

It's about some of his experiences in traveling overseas.

（面白い点や優れた点を複数述べる）

Thank you for listening.

最終課題

▶ **Step 1**
課題2で作った英文を手直しして、80語程度のスピーチ文を作ろう。

▶ **Step 2**
ペアを作って、できるだけ英文を見ないで相手に向かって交替でスピーチしよう。

▶ **Step 3**
自分の作ったスピーチ英文を暗記して、みんなの前でスピーチしよう。

第10講

意見を述べる1
私が英語を学ぶ理由

本講から意見を述べる練習をします。まず「私が英語を学ぶ理由」というテーマのスピーチに挑戦してみましょう。

　こういったテーマを出すと、「やりたくはないが、やらざるをえないのでやっている」と主張する人がいますが、絶対に避けてください。欧米でそのようなことを言ったら、マイナスの評価しか受けません。また、あなたが英語を学ぶ状況はあなたが選択したのですから、自分の気持ちを掘り起こして、なんとしても学んでいる理由を探してください。理由は複数あったほうが望ましいでしょう。

　モデル英文では英語を学んだ理由として個人的な体験に言及していますが、このように体験を述べても、また、英語を学ぶ抽象的な意義について述べてもかまいません。

モデル英文

次のモデル英文を聞いて、気づいたことがあればメモしてください。

I am going to talk about the reason why I have been learning English.

I've been learning English since I was 9 years old.
One day, at the movies, I made a big decision to acquire the English language.

When I was a child, my parents took me to the movie theater whenever they could.
They loved Hollywood movies, so we saw a lot of American ones together.
We saw many kinds of movies from action to fantasy.

At that time, I had to read the Japanese subtitles.
However, they were difficult for me to follow.
They disappeared too fast and contained many difficult Kanji.

One day, I said to myself, "If I could speak English, it would be much easier and more fun!"
So I decided to study English.

Since then, my reason for learning English is to understand what people say in movies.

Thanks for listening.

【訳例】
今日は私が英語を学び続けている理由をお話しします。

私は9歳のときからずっと英語を学んでいます。
ある日のこと、映画館で一大決心して英語を取得することにしました。

子どものとき、両親は機会があるごとに私を映画館に連れて行ってくれました。
2人はハリウッド映画が大好きだったので、私たちはたくさんのアメリカ映画を見ました。
アクションからファンタジーまでいろんな映画を見たものです。

当時は字幕が必要でした。
しかし、字幕についていくのが大変でした。
すぐ消えてしまい、しかも難しい漢字が多かったからです。

ある日、心の中でこう言いました。「ああ、英語ができれば、もっと洋画が気楽に楽しめるのに」
それで私は英語を学ぶことにしました。

その日から、私が英語を学ぶ理由は映画の登場人物が話すことを理解することです。

ご静聴ありがとうございました。

✏️ ウォーミングアップ

下線部を自分に当てはまることに置き換えて、3文からなるショートスピーチを完成させてください。

【完成例】

I learn English because I want to have a lot of foreign friends.

I want to speak[use] it well.

If I speak[use] it well, I will talk to a lot of people all over the world.

🔍 課題1

英語を学ぶ理由について、次の質問に答える形で日本語で説明してください。

（1）英語を学ぶきっかけはあるか。あるならば、それはどんな出来事だったか。なければ、英語が必要だと思った経験などを述べること。

（2）英語ができるようになってやりたいこと。

（3）英語ができるようになるために、実際にやっていること（あるいは、これからやろうとしていること）。

🔒 役立つ表現

このテーマのスピーチで活用できる表現を覚えましょう。

☐ English/ the English language「英語」

☐ plain[simple] English「やさしい英語」

☐ speak (in) English「英語を話す」

☐ write an e-mail in English「英語でメールを（1通）書く」
　※一般的に「メールを書く」のときは冠詞の an は不要。

☐ make friends with X「Xと友達になる」

☐ communicate with X「Xとコミュニケーションをとる」

☐ have good communication「きちんとコミュニケーションがとれている」

☐ be active all over the world「世界を股にかけて活躍する」

☐ get known all over the world「世界中に知られる」

課題 2

下線部を替え、日本語の指示文に英語で答えてスピーチを完成させてください。話の流れに合わせて下線部以外も適宜修正してください。独自に作ってもかまいません。

I am going to talk about why I have been learning English.

I've been learning English since I was 9 years old.

（英語を学ぶきっかけや理由など）

（英語をどんなふうに学んでいるか、あるいは、学びたいか）

（英語が上手になったら何をやりたいか）

Thanks for listening.

最終課題

▶ Step 1
課題2で作った英文を手直しして、70語から120語程度のスピーチ文を作ろう。

▶ Step 2
ペアを作って、できるだけ英文を見ないで相手に向かって交替でスピーチしよう。

▶ Step 3
自分の作ったスピーチ英文を暗記して、みんなの前でスピーチしよう。

第11講

意見を述べる2
高校生は制服を着るべきか

本講と次講で本格的な意見の述べ方を練習します。本講のテーマは、「高校生は制服を着るべきか」です。必ず「着るべき」か「着るべきではない」のどちらかの立場に立って、意見を展開してください。

　たとえば「着るべき」という立場でスピーチするときに、以下のように展開すると説得力を増すことができます。

1．自分にとってどちらの価値が高いかを表明する。（価値観の表明）
　「私にとって、学校のアイデンティティは服装の自由より大切だ」

2．その根拠となることやメリットを述べる。
　「制服だと一体感が生まれて、人間関係においてもプラスになる」
　「おしゃれへの意識や時間が減らせ、衣服費が下がるので、勉学に集中できる」

3．反論されそうなことを述べる。（想定反論）
　「たしかに制服だと、個性を発揮するという面ではマイナスになるかもしれない」

4．3に反論する。（再反論）
　「だが、制服であっても制限された中で個性を発揮するのは可能であり、個性はそういった制限された環境でこそ磨かれる」

　1と2で十分な分量になる場合は、3と4はなくてもかまいません。さらに力をつけたい人は、最初と反対の立場のスピーチにも挑戦するといいでしょう。

モデル英文

次のモデル英文を聞いて、気づいたことがあればメモしてください。

I'm going to talk about school uniforms for high schoolers.

I think high schoolers should wear their uniforms on the way to school and when they are in school.

Firstly, an identity as a high schooler is more important than freedom of clothes.
Wearing school uniforms allows them to establish their identity more easily.
They also have a good influence over relationships in school.

Secondly, if they adapt to using school uniforms, they can save time in deciding what to wear every day, and save money on clothes.
This will enable them to concentrate more on things in school.

Wearing uniforms may not be effective for showing individuality, to be sure.

But showing one's personality is possible even in uniform.
In order to develop our personalities, I think it is better to be under somehow restricted circumstances rather than to have total freedom.

Thank you for listening.

【訳例】
高校生の制服についてお話しします。

高校生は、学校に行くときや在校時は制服を着るべきだと思います。

第一に、服装の自由より高校生としてのアイデンティティのほうが大事だからです。
制服を着ていると、よりアイデンティティが確立しやすいと思います。

第二に、制服を採用すれば、毎日の服装を決める時間や服装に費やすお金を節約できます。
そのおかげで、学校のことにより集中できます。

たしかに、制服を着ることは独自性を発揮する上では効果的ではないかもしれません。

しかし、個性を発揮することは制服を着ていても可能です。
個性を磨くためには、まったく自由な環境より、むしろいくらか制限された環境のほうが良いと思います。

ご静聴ありがとうございます。

ウォーミングアップ

下線部を自分に当てはまることに置き換えて、3文からなるショートスピーチを完成させてください。

【完成例】

Which is better for high schoolers; to wear school uniforms or not?

I think it is better for them to wear their uniforms [anything they like] on their way to school and when they are in school.

This is because wearing uniforms [anything] is good for developing their personalities.

課題1

高校生が制服を着るべきかどうかについて、次の質問に答える形で日本語で説明してください。

(1) 制服が指定されているのとされていないのとではどちらが良いか。

(2) (1) で選んだことが良い理由。

（3）（1）で選んだことのデメリットは何か。それはどういった点でプラスに転化できるか。

🔒 役立つ表現

このテーマのスピーチで活用できる表現を覚えましょう。

☐ a (school) uniform「制服」

☐ an official high-school uniform「高校指定の制服」

☐ be in uniform/ wear a uniform「制服を着ている」

☐ be neatly dressed「身なりがきちんとしている」

☐ be poorly dressed「身なりがみすぼらしい」

☐ change out of uniform「私服に着替える」

☐ We had no school uniform in our school.「うちの学校では制服がなかった」

☐ X wears what he[she] likes.「Xは着たい服を着ている」

☐ without a thought for what others might think「他人の目を気にしないで」

☐ identity「アイデンティティ」

☐ individuality「独自性」

☐ personality「個性」

☐ circumstances「環境」
　※この意味では複数形にするのが基本。

📎 課題 2

下線部を替え、日本語の指示文に英語で答えてスピーチを完成させてください。話の流れに合わせて下線部以外も適宜修正してください。

I'm going to talk about school uniforms for high schoolers.

I think high schoolers should wear their uniforms on the way to school and when they are in school.

Firstly, an identity as a high schooler is more important than freedom of clothes.

Secondly, if they adapt to using school uniforms, they can save time in deciding what to wear every day, and save money on clothes.

Wearing uniforms may not be effective for showing individuality, to be sure.

But showing one's personality is possible even in uniform.

Thank you for listening.

最終課題

▶ **Step 1**
課題2で作った英文を手直しして、70語から120語程度のスピーチ文を作ろう。

▶ **Step 2**
ペアを作って、できるだけ英文を見ないで相手に向かって交替でスピーチしよう。

▶ **Step 3**
自分の作ったスピーチ英文を暗記して、みんなの前でスピーチしよう。

第12講

意見を述べる3
男女間で友情は成立するか

前講の考え方を使って、総仕上げとして「男女間で友情は成立するか」についてスピーチすることにしましょう。あまり難しく考えないで、「成立する」か「成立しない」のどちらかに立場を決めてその根拠を考えるようにしてください。

モデル英文

次のモデル英文を聞いて、気づいたことがあればメモしてください。

Track 14

Can a man and a woman be good friends?
Yes, I believe they can be good friends.

Firstly, friendship is more precious than love or romance to me.
I would choose friendship before romance if I had to choose one of them.

Secondly, I have several good male friends, in fact.
I just enjoy talking with them regardless of their gender.

Finally, I don't care whether my friends are male or female when it comes to promoting friendship.
There are no romantic feelings when we cultivate friendship even if the guy is attractive.

However, once someone has become my boyfriend, it'd be hard for us to be good friends after breaking up the partnership.

Therefore, men and women can be good friends unless they have been in love.

Thank you for listening.

【訳例】
男と女は良い友達でいられるでしょうか。
はい、良い友達でいられると思います。

第一に、私にとって友情は恋愛やロマンスより価値があります。
もしどちらか選ばなくてはならないなら、ロマンスより友情を選びます。

第二に、実際に私には男性の良い友達がいます。
性別に関わらず、彼らとはひたすら話をするのを楽しんでいます。

第三に、友情を深める際に、友達が男か女かは気になりません。
たとえ相手が魅力的な男性であっても、友情を深めるときに恋愛感情はありません。

でも、相手が彼氏になったら、たとえ別れたとしても、良い友達でいるのは難しいでしょう。

というわけで、お互いが恋愛感情を持ったことがないという条件つきで、男と女は良い友達でいられます。

ご静聴ありがとうございます。

ウォーミングアップ

love か friendship のどちらかを選んで、下線部を自分に当てはまることに置き換えて、3文からなるショートスピーチを完成させてください。

【完成例】

Love or friendship — Which is more precious for you?

Basically, love[friendship] is more precious to me.

But I think that depends on how deep your love[friendship] is.

🎤 課題 1

男女間で友情は成立するかどうかについて、次の質問に答える形で<u>日本語</u>で説明してください。

(1) 友情と愛情はどちらが大切か。また、それはなぜか。

(2) 異性と友情は成立するかしないか。また、それはなぜか。

🔒 役立つ表現

このテーマのスピーチで活用できる表現を覚えましょう。

☐ fall in love with X/get to love X 「Xを愛する」

☐ be in love with X/love X 「Xを愛している」

☐ It is possible[impossible] to be both good friends and lovers.
　「親友かつ恋人であることは可能[不可能]だ」

☐ Friendship is one thing, romance is another. 「友情と恋愛は別物だ」

☐ They broke up [split up/went their separate ways]. 「2人は別れた」

課題2

下線部を替え、男女間で友情は成立するかというテーマでスピーチを完成させてください。
話の流れに合わせて下線部以外も適宜修正してください。

Can a man and a woman be good friends?
Yes, I believe they can be good friends.

Firstly, friendship is more precious than love or romance to me.

Secondly, I have several good male friends, in fact.

Finally, I don't care whether my friends are male or female when it comes to promoting friendship.

However, once someone has become my boyfriend, it'd be hard for us to be good friends after breaking up the partnership.

Therefore, men and women can be good friends unless they have been in love.

Thank you for listening.

最終課題

▶ Step 1
課題2で作った英文を手直しして、70語から120語程度のスピーチ文を作ろう。

▶ Step 2
ペアを作って、できるだけ英文を見ないで相手に向かって交替でスピーチしよう。

▶ Step 3
自分の作ったスピーチ英文を暗記して、みんなの前でスピーチしよう。

英語でショート・スピーチ

● 2013 年 11 月 1 日　初版発行 ●

● 編著者 ●
神林　サリー

© Sally Kanbayashi, 2013

発行者　●　関戸雅男
発行所　●　株式会社　研究社
〒 102-8152　東京都千代田区富士見 2-11-3
電話　営業 03-3288-7777（代）　編集 03-3288-7711（代）
振替　00150-9-26710
http://www.kenkyusha.co.jp/

KENKYUSHA
＜検印省略＞

装丁・本文レイアウト　●　mute beat
英文校閲　●　Christopher Belton
英文朗読　●　Chris Koprowski, Xanthe Smith

印刷所　●　研究社印刷株式会社

ISBN 978-4-327-42190-8 C1082　Printed in Japan

本書のコピー、スキャン、デジタル化等の無断複製は、著作権法上での例外を除き、禁じられています。
また、私的使用以外のいかなる電子的複製行為も一切認められていません。落丁本、乱丁本はお取り替え致します。
ただし、古書店で購入したものについてはお取り替えできません。